Annemarie Köllerer

Sag's auf bayrisch

Annemarie Köllerer

Sag's auf bayrisch

Einladn, Gratuliern, Schenkn
und Dankschönsagn

Verlagsanstalt »Bayerland« Dachau

Einige Gedichte sind mundartliche Bearbeitungen von
gegenwärtig als Gemeingut kursierenden Texten, deren
Urheber nicht mehr festgestellt werden können.

Verlag und Gesamtherstellung:
Druckerei und Verlagsanstalt »Bayerland« GmbH
85221 Dachau, Konrad-Adenauer-Straße 19

Umschlagmotiv: Hans Fischach

© Druckerei und Verlagsanstalt »Bayerland« GmbH
85221 Dachau, 2000

2. Auflage 2002

Printed in Germany · ISBN 3-89251-294-9

Inhalt

I lad di ei

Mia wünschn oiß Guate

Was kannt i denn schenka?

Für jedn is was dabei

Gedankn, lustig, mit vui Gfui ...
Und würzn konn ma s', wia ma wui:
Ja, schärfer pfeffern, wer's vertragt,
alloa oder im Chor aufgsagt.
Wer ned gern redt, soll s' hoid hischreibn –
duat so guat in Erinnerung bleibn!
Und wer gern mag, der konn s' garniern
und mit a Zeichnung schee verziern.
Für jedn is hoid was dabei:
Er braucht bloß schaun ins Büacherl nei!

I lad di ei

Unser Sonnenschein is da

Voller Freid schrein mia: Hurra!
Unser Sonnenschein is da!
Sie hoaßt *Lisa* und wiegt *sechs* Pfund,
is rosig, munter, pumperlgsund!
Kemmts doch vorbei und hört's Euch o,
wia laut des Butzerl brülln scho ko.

's Büaberl möcht Euch sehng

Unser Bua is endlich da!
Sein Charme hat er vo der Mama.
Doch sei Nasn, ja, de hat er,
Ihr werds es sehng, vo seim Vater!
Kemmts oisamt her, schaugts 's Büaberl o.
Er möcht Euch sehng, drum schreit er so!

A wichtiger Schritt im jungen Lebn

Der erste große Schritt im Lebn
werd 's Sakrament der Taufe sei.
A wunderschönes Fest soll's gebn
für Euch und unsern Sonnenschein.

Und wenn dann 's Kloane lauthals schreit,
so kriagt's ganz schnell an Millibrei.
Wenn's no ned staad is, liabe Leit,
na soll des unser Musi sei!

A Tag, der vui bedeit

Es steht ins Haus a oanzigs Fest:
A großer Tag, der vui bedeit;
a Festtag voller Segn und Freid.
Drum feierts mit, seids unsre Gäst!

Wegweiser sei

A kirchlichs Fest steht uns ins Haus.
Da mach ma ganz was Oanzigs draus!
Denn es soll werdn – ganz ohne Frag –
für unser Kind a bsondrer Tag.

Er soll Zuversicht und Hoffnung gebn,
Wegweiser sei fürs ganze Lebn.
Gebts uns de Ehr und seids dabei,
mia ladn Euch herzlich dazua ei!

Abschied vom Mädchenlebn

A wengerl traurig, a wengerl froh,
ma mechat woana, trotzdem singa!
Im Lebn fangt a neuer Abschnitt o.
Ma fragt se bang: Was werd er bringa?

Drum kemmts zu mir in froher Rundn.
Denkts zruck mit mir ans Mädchenlebn –
und feierts mit mir Abschiedsstundn:
Laßts uns auf d' Liab de Gläser hebn!

's Glück hat seinen Preis

Mei Hochzeit steht jetz vor da Tür,
drum wünsch i mir heit oans:
I möcht, daß oisamt kemmts zu mir
und missn möcht i koans.

Zum letztn Moi im Mädchenkreis.
mei »Single«lebn – vorbei!
Ja, aa des Glück hat seinen Preis,
doch gern füg i mi drei!

Damit der Abschied leichter foid,
do feiern mia mitnand,
recht unbeschwert und lustig hoid,
so kurz vorm Ehestand!

A Hochzeit steht ins Haus

Ihr oisamt sollts Euch mit uns gfrein,
mia habn uns gfundn, Gott sei Dank!
Drum sagn mia heit zur Hochzeit ei,
zu am scheena Fest mit Speis und Trank.
A Musi spuit zum Tanz no auf:
Mia hoffan, Ihr seids recht guat drauf!

's geht an Ehehafn nei

Boid is's soweit, mia werdn a Paar
und tretn hi vorn Traualtar.
Mia habn an großn Wunsch, Ihr Leit,
schenkts uns a weng vo Eurer Zeit.
Begleits uns und seids mit dabei,
wenn's geht an Ehehafn nei!

Was lang, lang währt ...

»Was lang, lang währt, werd endlich guat!« –
A Sprichwort uns erzählt.
Mia nehman unsern ganzn Muat:
De Hochzeit is jetz boid!
Seids bittschön oisamt mit dabei,
wenn mia an Ehebund gehn ei!

Zwengs am Gschenk

Und no was, Leitl, möcht ma sagn:
Mia habn a bisserl praktisch denkt.
Damit Ihr ned müaßts so schwaar tragn
(und oft kriagt ma ebbas dreifach gschenkt,
ja, do waar's wirkli schad ums Geld),
drum waar a kloaner Zuschuß schee!
Na kaff ma selbm, was uns no fehlt.
Mia hoffan, Ihr werds des versteh.

Was daat de Brautleit gfrein

»Scho wieder a Hochzeit«, werds Ihr denka,
»was solln mia bloß de Brautleit schenka?«

Mia möchtn Euch des leichter macha,
zum Hausstand habn mia scho vui Sacha.
Ja, eigentlich is er komplett,
vom Löffe bis zum Doppelbett.
Drum waar's uns recht und daat uns gfrein,
wenns ins Kuvert legts nei an Schein!
Duats uns de Bitt ned übelnehma
und gwieß zu unsrer Hochzeit kemma!

19

Suiber und Goid

Fünfazwanzg (Fuchzg) Jahr! 's war wiar a Draam
– verflogn mit'm Wind – man glaabt's hoid kaam!
Und manchmoi kemma's gar ned fassn,
daß uns as Glück hat nia verlassn.
Ja, dankbar san mia und so froh,
denn 's is ned überoi aso.

Mia möchtn unsern Bund erneuern,
und mit Euch zamm des Glück schee feiern!

Der diamantene und eiserne Hochzeitstag

A seltens Glück habn mia genossn:
Sechzg (Fünfasechzg) Ehejahr san jetz verflossn!
Ja, vuierlei habn mia erfahrn
in unsern langen Ehejahrn.
Glück und Unglück, Leid und Freid,
habn mia teilt de ganze Zeit.
Und wiavui Jahr san uns no gebn?
In Gottes Hand liegt unser Lebn!

Zu unserm Festtag ladn mia ei,
koan möcht ma missn, seids dabei.

An alle meine Freind!

Konn no ned schreibn, bin no vui z' kloa!
Des muaß für mi mei Mama doa.
Zum Feiern, do bin i groß gnua,
drum gib i jetza gar koa Ruah,
bis alle kemmts ois meine Gäst,
zu meim kloan Geburtstagsfest!

Mei Mama muaß an Kuacha bacha
und sonst gibt's aa ganz guate Sachan!
Oiß, was i am liabern mag,
weil i hoid Geburtstag hab!
De Mama moant, um *drei* derfts kemma,
und Ihr sollts recht vui Freid mitnehma.
I denk jedn Tag jetz dro,
daß i kaam no schlaffa ko.
Werd de Zeit scho ummegeh –
dann seids do! Mei, werd des schee!

A Party is ogsagt

Halli, hallo, Ihr liabn Leit,
zur nächstn Party is's ned weit.
Ihr machats ma de größte Freid,
hätts ihr am *11. 11.* Zeit.
Ab Nachmittag um *halbe drei* –
i hoff, a jeder is dabei.
Bis *achte* dauert dann des Fest,
Ihr seids bestimmt gern meine Gäst!
Packts Eure Siebensachan zamm,
mia werdn a große Gaudi habn!

(Verfaßt von Johannes, 13 Jahre)

I feiert Geburtstag

De Lebensuhr, sie tickt so schnell
und plötzlich schlogt sie *vierzig* moi!
Was sollst di da lang obidoa:
An jedn trifft's, ob groß, ob kloa!

Do hi und do kimmt's mir so vor,
ois waar i grad erst zwanzig Jahr.
Glei drauf muaß i de Hoffart büaßn:
wenn d' Hex mia duat ins Kreiz neischiaßn!
Ja, zwickt's oan diamoi hint und vorn,
dann woaß ma's, wann ma is geborn!
Es huift hoid nix, 's muaß weitergeh,
's Lebn is ja trotzdem wunderschee!

Drum möcht i mit Euch feiern, Leit,
und hoff, oisamt habts für mi Zeit.
I lad Euch ei ois meine Gäst
und gfrei mi aufs Geburtstagsfest!

Scho wieder is a Jahr verganga

Man glaabt's ned, 's is scho her a Jahr,
daß mei letzter Geburtstag war.
Naa, i hab's no ned vergessn,
wia ma gmüatlich zamma gsessn,
wia ma gredt habn, glacht und gsunga
und so manchn Schoppn drunga.

Drum lad i Euch heit wieder ei
auf a grüabigs Zammasei!

Zum »Rundn« seids eigladn

Zu am großn Fest sag i heit ei.
Kemmts oisamt her, es daat mi gfrein!
An Anlaß zur Feier hab i ja,
denn i wer heuer *vierzig* Jahr!
Und des is, moan i, scho a Grund,
denn schließlich is de Zahl ja rund.
Deats bittschön an Humor mitbringa
und recht vui Lust zum Essn, Trinka.

Daß mia a wengerl planen kennan
und aa ned unsern Rahmen sprengan,
da waar a Anruf scho recht nett,
mit wiavui Leit ma z'rechnen hätt!

Wenn des koa Grund zum Feiern is

I lad Euch heit recht herzlich ei,
und hoff, Ihr seids beim Fest dabei.
Mei Geburtstag is dafür der Grund:
und heuer is de Zahl schee rund!

Ja, wann und wo?, de Daten lassn
se ned so leicht in Reime fassn.
Sie stehn deshalb auf alle Fälle
auf'm Blattl an ganz andrer Stelle.

Möcht ned im Ungewissen bleibn,
drum bitt i Euch, recht boid zu schreibn;
oder ruafts mi einfach o
und sagts mir, ob's Euch paßt aso!

De zwoate Lebenshälfte

Auf oamoi, do is's hoid soweit,
hast vorn an *Sechsa* dro.
Ja, sovui schnell verfliagt de Zeit:
und 's Lebn, des rennt davo!

Was san scho Faltn, graue Haar,
man macht se oft z' vui draus.
Es zoagt bloß o de Lebensjahr,
doch sonst sagt des nix aus!

Wenns d' lustig bleibst und voller Schwung,
werst bloß de Jahr nach oid –
im Herzn bleibst dann oiwei jung:
Und des alloa nur zählt!

Drum feierts mit mir, liabe Leit,
i lad Euch dazua ei.
Für mi waar's hoid a große Freid,
wenns oisamt seids dabei!

Dankbar sei

Achzig Jahr, vui Freid, vui Leid,
doch wenn ma zruckdenkt
und war zfriedn,
ja, dann war's a guate Zeit!

Und wenn ma gsund is, weiter ko,
so selbstverständlich
is des ned -
so muaß ma dankbar sei und froh!

Doch wenn da Herrgott in oam wohnt,
und hat oan ghaltn,
hat oan tragn,
na hat se 's Lebn wirkli glohnt!

Hebfeier is

De Maurer schleppan d' Ziagelstoa,
de Zimmererleit dean Balkn tragn.
Ja, es is recht vui zum Doa:
Vui Händ san fleißig, mögn se plagn!

Da Rohbau wiar a Burg dasteht!
Doch kennan Regn und Sonnaschei –
denn deckt und eiputzt is no ned –
vo obn und rundherum no nei.

Zum Richtfest ladn ma d' Handwerksleit,
zum Ausruahn und zum Lustigsei!
Für'n Durscht steht allerhand bereit,
a guate Brotzeit obndrei!

Mia weih ma unser Häusl ei

Mia habn uns plagt, 's war vui zum Doa:
Unser Häusl, ned z' groß, ned z' kloa,
is fertig jetza, Gott sei Dank!
Wia alles glänzt! 's is blink und blank.
Und weil de Arbat is vorbei,
drum weih ma unser Häusl ei!

Wia san mia froh

Umzogn, eigrammt, wia san mia froh!
De Fenster putzt und d' Vorhäng dro,
d' Stubn, de Kammer, oiß blitzblank,
's Gschirr und 's Gwand san drin im Schrank!

Mia möcht ma mit Euch feiern, Leit,
kemmts oisamt her, machts uns de Freid!
Was is der Grund wohl für des Fest?
Ja, eigweiht werd's jetz, unser Nest!

Vier eigne Wänd

Endlich, endlich is's soweit,
ja, draußd konn's regna, blitzn,
mia werdn unter unserm Dach
schee warm im Trocknen sitzn!

Denn mia ziahng ei und ruafan aus:
Wia schee is's doch im eignen Haus!

Weil unser Freid is riesengroß,
drum möcht ma s' mit Euch teiln.
Kemmts her zu uns, mia ladn Euch ei,
zum Feiern und Verweiln.

Dirndl, Buam – kemmts oisamt her

Kimmt Euch aa so mittendrin
Euer Schuizeit in den Sinn?
Denkts Ihr manchmoi an de Zeit,
wo mia oisamt lernbereit
brav auf unsre Schuibänk gsessn?
Gell, Ihr habts es scho vergessn!

Jetz, nach sovui langen Jahren,
möcht ma hoid gern was erfahren:
Ja, ob's Euch oisamt guatgeht heit,
seids no so fesch wia früahrer, Leit?
Wer hat se scho a Häuserl baut,
wer 's Geld verdo und d' Welt ogschaut?
Was habts 'n glernt, was machts Ihr heit,
und gibt's a Hobby, des Euch gfreit?
Wiavui Berg habts Ihr erklomma,
wiavui Pfund seitdem zuagnomma?
Und wem habts Euer Liab denn gschenkt,
aa, ob da Haussegn oft schiafhängt?
Wer hat dahoam de Hosn o,
seids öfter grantig oder froh?
Und wiavui Kinder Ihr geborn,
san's Madln oder Buamer wordn?

Tausend Fragen und no mehr –
drum kemmts bittschön oisamt her!

D' Schuizeit, lang is's her

A schöner Brauch is des fürwahr,
a Schülertreffen nach so vui Jahr!

Alloa de Frag: »Ja, wer is wo,
und was is gschehng in dera Zeit?« –
de stellt se jeder, sowieso,
denn oiß is scho so fern und weit!

Mia gfrein uns auf a Wiedersehn
und ladn Euch herzlich dazua ei!
Es werd bestimmt ganz wunderschee,
wenns recht zahlreich seids dabei!

Wia d' Zeit verfliagt

Wia d' Zeit verfliagt, jetz san's *zehn* Jahr,
seit unser letztes Treffen war.
Drum, Dirndl, Buam, hoits Euch bereit
und nehmts Euch a paar Stünderl Zeit:
zum Ratschn, gmüatlich Zammasei!
Kurzum – es daat uns narrisch gfrein,
wenns oisamt kemmts, vo nah und fern.
Doch gebts Bescheid, laßts vo Euch hörn!

Fasching is

Zur Faschingsgaude sagn mia ei.
Kinder, seids koa trüabe Tassn!
Ja, auf geht's Leit, zum Lustigsei ...
Mia wolln ma unser Geld verprassn!

Wer mag, der kimmt a weng maskiert.
A Huat, a Kappn daat's scho doa,
vielleicht leicht gschürzt, wem gar ned friert,
a rote Nasn kriagts alloa!

Ja, Jubel, Trubel, Heiterkeit ...
Da Kater lurt scho, is ned weit!

Im Freien zammasitzn

Man sollt de scheena Tag ausnützn,
ned in da Stubn drin Trüabsal blasn;
im Freien gmüatlich zammasitzn,
und d' Arbat aa moi hintn lassn!

De Brotzeit, 's Bier stehn scho bereit.
Mia hoffan fest, Ihr seids dabei.
Und wenn uns koid werd, liabe Leit,
dann hoaz ma uns inwendig ei!

's Mitanander wieder spürn

Ja, jetz is's wieder moi soweit,
da Alltagsstreß, der holt oan ei. –
Nur werkeln, naa, des muaß ned sei:
Für a gmüatlichs Fest werd's endlich Zeit!

Weil mia uns mögn und mia uns habn,
weil's uns guatgeht und mia san gsund,
is des zum Feiern wohl gnua Grund?

Grad deswegn, Leit, ladn mia Euch ei
auf an kloan Ratsch, a Glaserl Wei ...

Ihr werds Euch fragn, was is denn los,
habn s' Geburtstag oder ned?
Was für a Anlaß is's denn bloß,
für de Feier, de osteht.

Ja, 's gibt an Grund, Ihr liabn Leit:
Daß ma se ned aus de Augn verliert
und as Mitanander wieder spürt,
grad deswegn nehmts Euch oisamt Zeit!

*Mia wünschn
oiß Guate*

Was Kloans is da

A leeres Buach no is Dei Lebn.
Und waar des hoid in meiner Macht,
i daat so gern an Inhalt gebn,
daß Glück aus jeder Seitn lacht!

Der erste Teil soll sorglos sei:
so kindlich, lustig und verspuit.
Im zwoaten folgt de Schuizeit glei:
Mit Weisheit, Pflichten is er gfuit!

Der dritte Abschnitt, voller Lebn,
de Blattl hell vom Sonnenschein.
's werd zwischendurch scho Woikn gebn,
doch ganz schnell geht da Regn vorbei.

Beschaulich is 's Kapitel vier:
zum Ausruahn und zum Nachsinniern.
Steht aa da Abschied vor da Tür;
's Lebn bis zum letztn Blattl spürn!

Und schlagt da Herrgott 's Buach moi zua,
sollt auf der letztn Seitn steh:
Auf Erdn is ma Bsuach doch nur,
und 's ewig Lebn duat nia vergeh!

Guate Wünsche fürs Lebn

Du kloaner Mensch, so ahnungslos,
was Lebn hoaßt, was Lebn is.
Kimmst gradwegs her vom Mutterschoß,
oiß is für Di no ungewiß.

Drum wünsch ma Dir jetz Gottes Segen,
a frohes Herz voll Sonnenschein,
und auf allen Deinen Wegen
sollst oiwei Du a Glückspilz sei!

A Prosit aufs Kind

Hoch des Flascherl, hoch des Glas,
aufs Wohl vom kloanen neuen Lebn!
Mia trinkan vo dem edlem Naß
und wünschn, daß's nur Glück soll gebn!

Da Papa trinkt vom Gerstensaft,
de Mama mag a Glaserl Wei,
und daß des Kindl kriagt a Kraft,
is in seim Flascherl Millibrei!

Zum Weisert

A kloanes Wutzerl is im Haus!
De Warterei is endlich aus.
Vorbei is jetz de lusat Zeit,
weil 's Kindl diamoi lauthals schreit ...
Dann Windeln wechseln, Flascherl gebn:
Es wui sei Recht, des kloane Lebn!
Doch oiß des nimmt ma gern in Kauf,
wenn ma se gar so gfreit hat drauf!

De Mama werd mit Dank bedacht,
daß 's Kloane gsund zur Welt hat bracht.
So liab und danschig, ja, des is's,
und grad so schee wia d' Mama gwieß!

Doch aa da Papa werd jetz globt,
ois tapfrer Held war er erprobt.
Naa, ned zum Glaubn, wia er oiß schafft –
und aa sei »schwaare Stund« verkraft!

Jetz wünsch ma, daß 's Glück für Euch lacht,
und Euer Nachwuchs Freid Euch macht.
Vielleicht, wer woaß, scho in oam Jahr,
do san mia oisamt wieder do!

Verserl für Glückwunschkartn

Mei Wunsch für Di, Du herzigs Kind:
So vui scheene Draam,
wia Blattl dro am Baam
soll tragn zu Dir da Abendwind!

Du kloaner Schatz, i hab Di gern!
So oft Du magst,
konnst Du des hörn.

Geh oiwei froh und heiter
durchs Lebn, Jahr für Jahr.
's Glück bleibt so Dei Begleiter,
Dei Himmi ewig klar!

Alle liaben Engelein,
de solln oiwei bei Dir sein,
sie solln Di für alle Zeitn
auf Deim Lebensweg begleitn!

Ob Bua oder Madl,
und de Frag: »Wiavui Pfund?«,
des is doch ned wichtig:
Hauptsach, 's is gsund!

Endlich wahr, da Kinderdraam!
Mag des Kloane aa oft bruin,
's Haus mit lautn Gschrei erfuin ...
A scheeners Lärmen gibt's wohl kaam!

Mit auf'n Weg
(Gute Wünsche zur Taufe, Kommunion,
Konfirmation usw.)

Gott soll Dei Wegbereiter sei,
daß D' Di nia verirrst,
soll oiwei Dei Begleiter sei,
daß D' sei Hand Du spürst.
Und ER soll Dei Streiter sei,
für d' Wahrheit, sei Gebot,
fürs ganze Lebn Dir Zuflucht sei:
im Glück und in der Not!

I wünsch Dir, daß Dei Lebensbaam
zum Blüahn kimmt und Früchte tragt.
Und daß Du nia verlierst den Draam
vo oam Wort, des so vui sagt:
de Liab!

Was Dei Lebn sinnvoll macht,
für des sei oiwei offn.
Und wenn aa d' Sonn ned oiwei lacht,
sei gläubig, so konnst D' hoffn!

Vui guate Ratschläg gibt's im Lebn.
I möcht Dir heit bloß oan mitgebn:
Bleib brav und sei a guater Christ,
Dir selber treu, bleib der Du bist!

Vergiß an Himmivater nia,
niamois in Deim Lebn,
na werd sei Liab Di spaat und früah
oiwei tragn und hebn!

Da Ernst des Lebens fangt o

»Da Ernst des Lebens fangt jetz o«,
des werst jetz öfter hörn.
Do hab koa Angst, bleib trotzdem froh,
so schlimm werd's scho ned werdn!

Ja, lerna muaß ma, 's is hoid so,
schreibn und rechnen, lesn …
Und kimmst müad hoam, fragt d' Mama no:
»Sag, bist Du brav heit gwesn?«

Wenn Du dann moanst, Du hast Dei Ruah,
hoaßt's, Hausaufgabn macha.
Tagaus, tagei …, hoid immerzua,
naa, 's is ned oiwei zum Lacha!

Do d' Schuizeit geht so schnell dahi,
drum nütz sie und sei gscheit,
denn was Du lernst, lernst nur für Di:
werst sehng, dann bringst D' as weit!

Was Hänschen ned lernt …

Was Hänschen ned lernt,
lernt Hans nimmermehr!
Des soll Dei Leitspruch sei,
foid Dir as Lerna manchmoi schwaar:
denk dro, oiß geht vorbei!
Drum sollst ned jammern, sollst ned stöhna,
denn 's Wissn konn Dir koaner nehma!

44

D' Schuizeit is vorbei

Mathe, Sprachen ...
und vui, vui mehra,
hast Du glernt
vo Deine Lehrer.

Im Lehrplan doch
fehlt unbedingt
a Dialekt,
der so schee klingt!

Bayrisch is's!
Drum sagn mia Dir:
Vui Glück, oiß Guate
wünschn mia!

Ohne Fleiß gibt's koan Preis

Dank Deim Eifer, der Professoren,
habn s' Di zum *Doktor* jetz erkoren.
Doch aa des Scherflein hat was gnützt,
des Di hat öfter unterstützt!

Doch jeder woaß, ganz ohne Fleiß,
do gibt's im Lebn kaam an Preis!
Naa, 's war bestimmt ned immer leicht,
bis Du hast Dei Ziel erreicht.
Warst manchmoi scho a armer Tropf!
Hat sovui Wissen Platz im Kopf?

Jetz naus in d' Welt, stell Deinen Mo:
Auf Leit wia Du, do warten s' scho!
Und wenn Du moi ganz obn bist,
dann hoff ma, daß D' uns ned vergißt!

Du hast as gschafft

Es war bestimmt koa Kinderspui;
Du hast as gschafft, bist jetz am Zui!
Der Stress, de ganze Plagerei,
san endlich, endlich jetz vorbei.

Mia oisamt habn Dir d' Daumen druckt
und habn Beruhigungspillen gschluckt.
Ja, aufgregt warn mia, mehr wia Du.
Jetz is's vorbei! Mia schrein Juhu!

Zum Poltern san mia da

Ja, Teller, Schüsseln und aa Tassn ...
Unser bestes Gschirr, 's is ned zu fassn!
Oiß schmeiß ma jetz vergnügt kaputt!
Was übrig bleibt? A Häuferl Schutt!

Es scheppert laut, bei jedem Stück:
Doch jeder woaß: Scherbn bringan Glück!

Heit geht's nomoi rund

Leit, heit geht's no rund, a letzts Moi gschwind,
denn ab morgn, do pfeift a andrer Wind.
A Sackerl Gschirr habn mia mitbracht,
haun oiß kaputt, daß's nur so kracht!
In Zukunft poltert nur no oane:
Des is de Deine und sonst koane!

Daß gehts mitnand durch dünn und dick,
des wünschn Eure Freind und Glück!

Nia mehr nach andre Madl schaun

Morgen werdn de Hochzeitsglockn
Euch zwoa in de Kirch neilockn.
Morgen werds de Hand Euch gebn:
Und aus is's mit'm Junggsellnlebn!

Ja, aus is's, denkt se er mit Graun:
Nia mehr nach andre Madln schaun,
nia mehr de ganze Nacht durchzecha,
und nia mehr tagelang ausbrecha!

's werd Zeit, daß Du a Frau Dir nimmst,
bevor Du unter d' Räder kimmst!
Doch uns duat bloß Dei Weiberl leid:
De muaß Di habn jetz alle Zeit!

Zammasteh

Was kannt's denn grad no Scheeners gebn,
ois wenn de Hochzeitsglockn läut,
und wenn zwoa Menschn zammastehn:
de Liab und Treu no was bedeut!

Wenn aus'm Ich a Wir dann werd,
ma mitanand in d' Zukunft geht,
wenn ma jetz woaß, wohi ma ghört
und teilt, verzeiht und aa versteht!

Mia wünschn, daß d' Liab nia vergeht,
daß s' tiafe Wurzeln, Zweigerl treibt,
daß Gott in Eurer Mittn steht –
und 's Glück oiwei bei Euch zwoa bleibt!

Des Wörterl »ebbs«

Liabs Brautpaar!
Heit, zu Eurem Hochzeitstag, wünsch i Euch »ebbs« ganz
»ebbs« bsonders. So »ebbs« hoid, was Euch a Lebn lang
glücklich macht!
Aber wißts Ihr eigentlich, was »ebbs« is?
»Ebbs« konn »ebbs« sei und »ebbs« konn grad aa so nix sei!
Aber aus »ebbs« konn ma oiwei »ebbs« macha.
Ja, »ebbs«, des is hoid »ebbs«. Es is a Wörterl, des konn ma
für alles braucha.
Zum Beispui, wenn a Bua heirat, dann muaß er se erst »ebbs«
suacha. A Dirndl, des »ebbs« hat und »ebbs« konn und aa
»ebbs« mitbringt. Und wenn er dann »ebbs« Richtigs gfundn
hat, dann hat er »ebbs« fürs Herz und vielleicht sogar »ebbs«
fürs ganze Lebn.
Dann werd Hochzeit gfeiert. Des derf natürlich »ebbs«
kostn, damit ja jeder siehgt, daß dahoam »ebbs« do is! Und
Ihr wißts es ja, wo »ebbs« is, kimmt meistens no »ebbs«
dazua.
Glei drauf geht's auf d' Hochtzeitsroas, damit ma »ebbs«
anders siehgt und »ebbs« erlebt. Des derf natürlich aa wieder
»ebbs« kostn, denn man konn se ja so »ebbs« leistn. Man hat
ja schließlich »ebbs« gspart und aa »ebbs« mitkriagt.
Wieder dahoam erlebt ma jeden Tag »ebbs« anders und man
braucht aa oiwei wieder »ebbs« Neues, damit oam 's Lebn ja
»ebbs« bringt.
Auf oamoi is's hoid soweit und de junga Leit erwartn »ebbs«.
De Nachbarn habn natürlich scho lang »ebbs« gspannt und
sagn: Mia glaabn, de kriagn »ebbs«!
Nach neun Monat, wenn dann »ebbs« kimmt, na gibt's
»ebbs«. De Nachbarn, de Freind und de Verwandten, alle
bringan s' »ebbs«. Manchmoi »ebbs«, was ma gar ned braucha
konn. Und so »ebbs« schenkt ma wieder weiter, denn diamoi
braucht ma selm irgend »ebbs« zum Mitbringa.

A Kinderwagn werd kafft mit Fenster, daß ja des Kind »ebbs« siehgt, denn so »ebbs« bildet.

Und wenn des kloa »Ebbs« im Betterl woant, dann feit eahm »ebbs«. Wenn's Hunger hat, dann kriagt's »ebbs«, und wenn's »ebbs« gmacht hat, dann is des aa »ebbs«.

Dann kimmt des kloa »Ebbs« in d' Schui, daß's »ebbs« lernt und »ebbs« werd und »ebbs« verdient. Und spaater werd »ebbs« gsuacht zum Heiratn, und so geht's oiwei weiter und weiter ...

Ich hoff, Ihr wißts jetz, was »ebbs« is!

Und jetz hebn ma unsere Glasl und trinkan »ebbs«, denn a guater Schluck, des is hoid aa »ebbs«!

Zum Jubelfest nur 's Allerbest

Heit zu Euerm Jubelfest,
wünsch i nur des Allerbest.
So zum Beispui alle Zeit
recht vui Freid und Heiterkeit.
Seids am Abend und am Morgn
frei vo Trüabsal und vo Sorgn.
Recht vui Gsundheit, ohne Frag,
bis ans Ende Eurer Tag.
Und daß oiwei bleibts im Glück
ganz gwieß an jeden Augenblick!

Unserm Suiberpaar

Wia Turteltaubn sitzt es da,
unser liabes Suiberpaar!
Wia's bei da greanen Hochzeit war,
ja, so is's bliebn Jahr für Jahr.
Koa Wunder is's, a jeder woaß,
daß eahna Liab no brennt so hoaß!

Er sie oiwei no auf Händn tragt,
obwohl er se scho besser plagt,
wia damois vor a etlich Jahr,
wo sie a schmales Dirndl war.

Und sie 's ned glei so tragisch nimmt,
wenn er moi spaat vom Wirtshaus kimmt.
Denn 's Hausrecht hat s' dann ganz alloa:
's redt koaner drunter, oiß konn s' doa!

Do diam werd's aa moi blitzn, kracha,
denn oiwei is's hoid ned zum Lacha!
De Hauptsach is, 's duat weitergeh –
und 's Guatwerdn is doch sovui schee!

Machts weiter so, jahrein, jahraus:
De goidne Hochzeit werd dann draus!

Goidene Hochzeit is a Gnad
(Auch für diamantene und eiserne Hochzeit)

Goidene Hochzeit is a Gnad
für zwoa Leit, de zammastehn.
's zoagt uns d' Liab im höchstn Grad,
wenn s' alle Weg mitnander gehn.
Drum wünsch ma heit dem Jubelpaar
no recht vui wunderscheene Jahr!

Mitanand geht's leichter

In *fuchzg* Jahr habts Ihr erfahrn,
daß mitanand oiß leichter geht.
Und wia ma zammwachst mit de Jahr,
wenn oaner zu dem andern steht!

Mia wünschn Euch von ganzem Herzn,
daß Euer Liab gar nia verblüaht,
grad so wiar a Wunderkerzn,
de funkelnd brennt und lang, lang glüaht!

Warts oiwei eng verbundn

Sechzig Jahr Zweisamkeit
habts Ihr mitnand erfahrn,
sechzig Jahr Geborgenheit
in all den langen Jahrn.

In guater und in schlechter Zeit
warts Ihr mitnand verbundn,
füranander stets bereit
habts Euern Weg Ihr gfundn!

Mia wünschn heit, daß Ihr mitnand
no moi a recht langs Stück
vom Lebensweg gehts Hand in Hand.
Es waar a großes Glück!

De Kinder und d' Enkel gratuliern

Ois damois da Opa d' Oma hat gfreit,
naa, do hat er se ned denkt,
daß draus a halbes Jahrhundert werd heit –
doch da Herrgott hat's so glenkt!

Ois damois d' Oma an Opa hat gfreit,
do hat s' eahm ihr Herzerl gschenkt,
sie hat zu eahm ghaltn de lange Zeit –
mit Liab und Gfui hat s' 'n glenkt!

Hättn damois d' Hochzeitsglockn ned gläut,
ja, dann daats uns Kinder ned gebn!
's is a groß Wunder und mia sagn Euch heit:
Mia san für Euch do a ganz Lebn!

Verserl für Glückwunschkartn

Liabs Brautpaar, seids gscheit,
gehts Hand in Hand,
durchwanderts mitnand
de ganz Lebenszeit!

De Liab is wiar a Sonnenschei,
der 's Lebn mit Wärm durchdringt.
De Treu muaß wiar a Wurzel sei,
de Kraft zum Wachsn bringt.

Is de Liab no neu,
braust s' wiar a junger Wei,
is de Liab scho oid,
werd s' klarer, staader sei!

Wer in Liab und Treu is stets verbundn,
der hat des große Glück scho gfundn!

Im andern seim Glück sei eignes findn!

Oans oiwei sei in Freid und Leid;
de Liab so findn alle Zeit!

D' Liab is wiar a Zauberkerzn
und 's Herzerl is da Zunder.
Kimmt a kloane Flamme dro,
so brennt der ganze Plunder!

Für an liabn Menschn

De Welt braucht oiwei, heit wia morgn,
treue Herzn, de se sorgn.
Sie braucht de huifreich guate Hand,
sie braucht vui Liab und vui Verstand.

Ja, Leit, de grad so san wia Du,
de brauchat d' Welt, dann waar im Nu
für alle 's Dasein lebenswert.
Du werst deswegn heit bsonders gehrt!

Mia dankn Dir

Ja, *siebzig* Jahr san jetz vorbei,
ned alle warn sie sorgnfrei.
Hast oiwei unsre Schritte glenkt –
und niamois an Di selber denkt.
Und trotzdem blickst Du heit gern zrück,
auf Freid, auf Leid, und manches Glück!
Mia dankn Dir für Müah und Plag,
warst do für uns schier jeden Tag.
Auf Händn möchtn mia Di tragn,
des wollt ma Dir scho lang moi sagn!

Mia habn oiwei für Di Zeit

Was san *vierzg* Jahr? Was is as Lebn?
So schnell vergeht de Zeit!
Sie konn oam Schlechtes, Guates gebn:
vui Tränen und vui Freid!

Du müahst Di ab und plagst Di gscheit,
oft muaßt Di ganz schee schindn.
Werd staader jetz, 's is an da Zeit:
Du werst Dein Weg scho findn.

Ja, dann is's guat, wenns D' ebban hast,
der Dir steht an da Seitn,
der mit Dir geht und mit Dir rast,
und der Dir huift beizeitn.

Drum möcht ma zum Geburtstag heit
Dir bloß des oane sagn:
Mia habn oiwei für Di Zeit!
Des sollst im Herzn tragn.

I wünsch Dir Zeit zum Lebn

I wünsch Dir Zeit zum Spuin –
denn dann bleibst oiwei jung!
I wünsch Dir Zeit zum Schaffa –
daß D' nia verlierst Dein Schwung!

I wünsch Dir Zeit zum Woana –
des macht an klaren Blick!
I wünsch Dir Zeit zum Lacha –
des is da Weg zum Glück!

I wünsch Dir Zeit zum Hischaugn -
de Wunder san oft staad!
I wünsch Dir Zeit zum Zuahörn –
weil sovui Scheens verwaht!

I wünsch Dir Zeit zum Draama –
Du fliagst dann himmiwärts!
I wünsch Dir Zeit zum Gernhabn –
as Wichtigste fürs Herz!

I wünsch Dir Zeit zum Staadsei –
daß D' nur Di selber spürst!
I wünsch Dir Zeit zum Hoffa –
daß D' nia Dein Muat verlierst!

I wünsch Dir Zeit zum Lebn –
es fliagt Dir sonst davo!
Und daß Du niamois sagn muaßt:
I hab mei Zeit verdo!

A Litanei guate Wünsch

Schlechte Tag, naa, liaber koa!
Und a Galle ohne Stoa.
Starke Nervn, de ned reißn,
gsunde Zähn, daß D' guat konnst beißn!
Und Ohrn, de nur was Nettes hörn ...
Daß zwidre Leit Di niamois störn!
Für oiß Scheene guate Augn,
oder Bruin, de Dir recht taugn!
Gsunde Füaß, daß Du konnst laffa,
recht vui Schwung, zum Arbat schaffa!
An guatn Magn, der oiß vertragt,
und daß Di koa Migräne plagt!
Ja, nia sollst Du an Wehdam spürn
und gar nia Dein Humor verliern!
O naa, des is no lang ned gnua,
a Sackerl Geld da no dazua!
Und um Di rum nur nette Leit,
ja, des alles wünsch ma heit!

Was se liabt, des neckt se

A oides Haus werst D' jetza scho,
der Jugendglanz geht schnell vorbei,
und hint und vorn fangts 's Bröckeln o:
Es bleibt hoid nix für oiwei neu!

Im Hormonhaushalt duat's kriseln,
und Zähn hast aa bloß no a paar,
diamoi duat da Kalk scho rieseln,
ganz suibrig werdn scho Deine Haar!

Ja, sehng und hörn duast nimmer guat,
a paar Pfund zvui zoagt o de Waag:
Trotzdem verlier jetz ned den Muat,
aa 's Alter hat vui scheene Tag!

Vo was ma redn, des wiss ma mia,
denn mitanand, da werdn mia oid.
Und no was möcht ma sagn zu Dir:
Was se liabt, des neckt se hoid!

Verserl für Glückwunschkartn

Scherzn, spuin und lacha,
kennan 's Alter
zur Jugend macha!

Was san scho d' Jahr,
was is de Zeit,
gmessn an der Ewigkeit!

    Sechzg Jahr – na und?
    Zum Traurigsei koa Grund!
    Voller Schwung und wohl erhalten,
    bist Vorbuid Du den »jungen Alten«!

A großer Wunsch
vo nah und fern:
Fürs Geburtstagskind
nur guate Stern!

    A dreifachs Hoch dem Jubilar! –
    denn er werd heuer fuchzig Jahr.
    So quietschfidel, so jung und würzig,
    bleibt er für oiwei neunavierzig!

Rosn sollst Du brecha,
doch nia sollst Di dro stecha!

    So vui Bleamerl im Gartn blüahn,
    so vui Blattl am greana Baam,
    so vui Vögerl am Himmi ziahng
    wünsch i Dir scheene Draam!

Da Widder mag's feurig

Da Widder führt an Sternreign o!
Is er deswegn oiwei vorn dro?
As Feuer is sei Element,
drum liachterloh er öfter brennt!

Er rennt mit'm Kopf durch jede Wand!
Und spürt er moi an Widerstand,
so lafft er erst in Hochform auf:
Ja, ja, da Widder is guat drauf!

Doch aa da Widder werd moi zahm
und werd so brav ois wiar a Lamm.
Hat 'n d' Liab erst moi am Bandl ...
Wia staad werd dann des gaache Mandl!

Ja, leider bleibt's ned lang aso,
da Kriegsherr Mars, er treibt 'n o!
Moanst, daß se er beherrschn kannt,
do hat er se ned in da Hand!

Doch ohne Zweife is da Widder
a kühner und gerechter Ritter.
Für eahm gaab's nia an falschen Eid,
sei Wahlspruch hoaßt Gerechtigkeit!

Hoaß mag er's hoid und niamois lau,
da Widder und aa d' Widderfrau.
Er reißt uns mit, er baut uns auf:
Ja, unser Widder is guat drauf!

A Genußspecht is da Stier

Ja, a Genießer is da Stier!
Zu eahm ghört 's scheenste Sternenbuid.
Fürs Feine hat er 's richtig Gspür:
De liabe Venus is dro schuid!

Ois Frohnatur is er bekannt;
a Herdentier, hoaßt's, is da Stier.
's is sei Devise: »Nur mitnand«!
Alloa sei, naa, des mag er nia.

Oiwei auf Sicherheit bedacht:
Man sagt, daß 's Geld an Stier olockt.
Ja, weil des 's Lebn vui leichter macht,
wenn ma schee im Trocknen hockt!

Ob Stier, ob Stierin, sie san treu;
oft a ganzes Lebn lang.
Dabei san sie bestimmt ned scheu,
san lustig, mögn Wein und Gesang!

Is er so treu? Man konn's kaam glaabn.
Ob d' Stern ned doch a wengerl lüagn?
Doch – neulich hab i 'n gsehng im Draam –
ois Engerl umanander fliagn!

Zwoa Herzn hat da Zwilling

»In seiner Brust, do schlagn zwoa Herzn«,
so dean de Leit vom Zwilling scherzn.
Stimmt des ned? Is gar was dro?
I daat sagn, a wengerl scho!
Moi is eahm z' hoaß, moi is's eahm z' koid,
ja, grad aso, wia's eahm hoid gfoid.
Moi so empfindlich, daß's ganz aus is,
dickfellig glei drauf, daß's a Graus is!
Moi is er lustig, mei, do geht's auf!
Und a bisserl spaater – recht schlecht drauf.
Auffe, obi, hin und her ...

Ja, da Zwilling hat's oft schwer!
Dawei is er so gscheit für zwoa
und ned gern is er ganz alloa.
Ratschn mag er und dischkriern
und alles duat 'n interessiern!
Aa 's Fernweh plagt 'n manchmoi so,
so daß ma 'n schier ned bremsn ko!
Glei drauf hockt er am Kanapee
und sagt: »Dahoam is's so vui schee!«
Ja, drum dean d' Leit vom Zwilling scherzn:
»In seiner Brust, do schlagn zwoa Herzn.«

Doch unser Zwilling is famos,
und oiwei is mit eahm was los.
Langweilig, naa, werd's mit eahm nia,
do sorgt er Tag und Nacht dafür.
Und, liaber Zwilling, glaab's uns fei:
A jeder möcht Dei Zwilling sei!

's Gfui regiert an Krebs

Ja, zwoa Schritt vüre und oan zruck,
so krebst da Krebs durchs Lebn.
Aufs Ganze geh, des hat er dick,
ogreifa, daat's nia gebn.

Warmherzig sagt ma, is da Krebs,
romantisch no dazua.
Doch aa beim Krebs do findt ma ebbs:
Ja, launisch is er gnua!

Is gar der oide Mond dro schuid?
Er ziahgt 'n in sein Bann.
Er is an Krebs sei Sternabuid,
beherrscht 'n dann und wann!

An Krebsmensch leit oiwei sei Gfui.
Er traut ned jedem glei.
Doch woaß er endlich, was er wui,
is er a Lebn lang treu.

Und trifft a Krebs an Skorpion,
so wiar a Blitz schlagt's ei!
Ja, dann ma 'n ned dabremsn konn:
De zwoa, se mögn se glei!

Du unser allerliabstes Tier,
gehst D' aa im Rückwärtsgang:
Mia krebsen oiwei hinter Dir,
Dei ganzes Leben lang!

König Löwe werd leicht wuid

Der König Löwe auf'm Thron!
Bewunderung braucht er ois Lohn.
Ja, ja, da Löw is a Narziß:
Er woaß, daß er der Größte is!
Und wenn ma 'n reizt, so werd er wuid,
dann unbeherrscht er öfter brüllt.
Dynamisch is er, lebensfroh,
und freiheitsliebend grad aa so.
Möcht den Löwn oaner fanga,
furt is er, ned zum Daglanga!
Und eisperrn, naa, des is ned drin,
nach Freiheit steht eahm stets sei Sinn!
Möchst du an Löwn gar moi zähma,
muaßt erst moi in sei Herz nei kemma.
Und sagt er wirklich dann moi ja,
so frißt er di mit Haut und Haar!
Doch ehrlich is er, nia verschlagn:
Des is's, was d' Stern vom Löwn sagn.

A ganzer Kerl is unser Leu
und wen er mag, dem is er treu!
Und mia sagn unserm König heit,
bleibn Dei Gefolge, alle Zeit!

Letzte Strophe bei einer Löwe-Frau:

Ja, Du bist hoid a Löwe-Frau,
und oans, des wiss ma ganz genau:
Für oisamt bist Du a Gewinn,
bleibst oiwei unser Königin!

Gschamig is de Jungfrau

Ja, gschamig sagt ma, is d' Jungfrau,
pünktlich, gschaftig, übergnau;
wo der Jungfraumensch agiert und schafft,
konnst sicher sei, daß oiß guat lafft.

Der Verstand regiert über seim Gfui,
drum woaß er oiwei, was er wui.
Er hat an Überblick für drei:
's Haar in der Suppn findt er glei!

Wenn hoid des Wörterl wenn ned waar!
Ja, d' Jungfrau macht se 's Lebn oft schwaar.
A gsicherts Polster braucht sie scho,
daß s' in der Nacht guat schlaffa ko,

Sie braucht koa seiderns Ruhekissn,
an Luxus konn sie ganz leicht missn.
Der Jungfraumensch is immer froh,
solang sei Kontostand wachst o!

Der langsam Merkur is sei Stern!
Naa, des mag d' Jungfrau ned gern hörn.
Und möcht sie oaner moi blamiern,
so werd er ihrn Zynismus spürn!

A echte Jungfrau – ohne Frag –
findt ma ganz selten heitzutag.
Drum sagn ma jetza frei und frank:
Mia habn ma oane, Gott sei Dank!

De ausgeglichne Waag

Vom Waagemenschn sagn de Stern:
In jeder Lebenslage,
do san bei eahm Herz und Verstand
oiwei in der Waage.

Aus'm Gleichgwicht bringa konn ma 'n ned,
egal was alles kimmt.
Do was dazua und da was weg,
bis einfach alles stimmt.

Ausglicha, freindlich und aa liab,
zugänglich no dazua,
Und zwider is eahm jeder Streit,
nach Eintracht strebt er nur!

Und lafft bei uns amoi was schiaf,
hat de liabe Waag ihr Not.
Mia woanan uns bei ihra aus,
denn sie bringt's ins rechte Lot.

Du, unser allerliabste Waage,
hast 's Herz am rechtn Fleck.
Doch werd Dir moi de Gaude z' vui,
na schick uns einfach weg!

Gern daat ma Di in Gold aufwiagn,
doch des konn hoid ned sei!
In d' Waagschal legn ma heit für Di
tausend guate Wünsche nei!

O mei, a Skorpion

(Pf)Ui …, a Skorpion! so sagn de Leit.
I moan, de wissn ned Bescheid.
In eahm fliaßt ganz a bsondrer Saft –
woaß ned wohi mit seiner Kraft!
Vom Pluto werd er hoid regiert,
drum is er oft so kompliziert!
Wenn er was wui, egal, was's is,
na gibt's für eahm koan Kompromiß.
Kampflustig is er, öfter stur,
er geht sein Weg ganz gradaus nur.
Am Selbstvertrauen fehlt's eahm ned;
im Lebn er oft ganz vorn dro steht!
Sei Gfuislebn, ui … oft durchanand:
Wo bleibt denn da bloß sei Verstand?
Sei Eifersucht, sei Temperament …
Er diamoi koane Grenzn kennt.
Doch d' Freindschaft, de bedeit eahm vui:
Do gibt's bei eahm koa falsches Spui!
Und setzt er moi sein Stachel ei,
so werd des ohne Grund ned sei.

Do uns des oiß ned schrecka konn:
Mia mögn ma 'n, unsern Skorpion!

Der Schütze trifft ins Schwarze

A Tausendsassa is da Schütz,
charmant is er und sprüht vor Witz.
Der Schützemensch redt gern und vui,
beherrscht des leichte Lebensspui!

Mit Siebnmeilenstiefe nei in d' Welt:
dafür gaab er sei letztes Geld.
Stets auf der Suach nach Abenteuer
spuit er scho öfter mit dem Feuer.

Verführerisch san d' Schützefraun!
Doch hoaßt's, i sag's Euch im Vertraun,
sie naschn gern moi hier, moi dort –
und möchst sie fanga, fliang s' glei fort!

Wia is des dann beim Schützemo?
Man müaßert lügn, 's is grad aso:
A weng aussegrasn is soo schee,
so sagt da Schütz – und dann: »Ade«!

Ja, hat er seinesgleichen gfundn,
philosophiert er lange Stundn.
Und nach a vier, fünf Glaserl Wei,
schlummert er dann friedlich ei.

Bei uns hast Du ins Schwarze troffa!
Tag und Nacht konnst D' auf uns hoffa.
Und hoazt Du uns aa manchmoi ei:
An Schütz konn koaner bös lang sei!

Da Steinbock is a Gipfestürmer

Der Steinbock kraxelt gern nach obn!
Er schont se ned und er is zaach,
bis er is ganz am Gipfe drobn.
A echter Bock hoid, stur und gaach!

Es hoaßt, er is a wengerl koid,
und in der Liab grad ned recht wuid.
In d' Winterzeit er eine foid:
De Koidn is bestimmt dro schuid!

Wia alle Böckerl is er schei;
er ned so leicht glei ebban traut.
Und alles frißt er in sich nei:
Ja, drum er oft recht grantig schaut.

Vom Draama hoit er gar ned vui,
er werd regiert vo seim Verstand!
's Lebn is für eahm koa oafachs Spui,
eahm fehlt gar oft de leichte Hand.

Da Steinbock bringt's im Lebn weit!
Er is fürs Große auserkorn!
Große Nama, berühmte Leit
san in sei Zeichen neigeborn.

Ja, des erzähln uns Deine Stern.
Jetz, Böckerl, kimm, steß mit uns zamm!
Mia mögn ma oiß an Dir recht gern,
und san so froh, daß ma Di habn!

Da ruhelose Wassermo

Im Wellental geht's auf und ab,
mit'm Neptun is er hoid verwandt.
Er findt koa Ruah, der rastlos Knab,
ja, deswegn siehgt er oft koa Land.

Durch d' Weltgschicht daat er so gern ziahng.
Langweile, Zwänge san eahm zwider.
Und so gern daat er schwebn und fliagn,
doch taucht er unter, oiwei wieder.

Regiern dean Saturn, Uranus!
Drum woaß er oft ned, was er wui,
und in da Liab gibt's oft Verdruß:
A Kreuz is's hoid mit seinem Gfui!

Doch jeder Kopf findt moi sein Huat.
Da Zwilling oder aa de Waage,
de passadn zu eahm so guat:
Ja, Tag und Nacht, in jeder Lage!

Und wenn er moi recht lustig is,
so mag er's gern recht feucht und naß.
Da Wassermo, er taucht dann gwieß
tiaf eine in a großes Faß.

Wenn 's Wasser bis zum Hals Dir steht,
's wünsch ma, soll's a Biersee sei.
Mia ziahng Di außer, naa, liaber ned,
mia springan oisamt zu Dir nei!

's brave Fischerl

A Fischerl is oft draamverlorn
und hat gwieß vui z' vui Gfui!
Im Wasser is da Fisch geborn;
schwimmt staad im Lebensspui.

Wia Engerl san s', so sagt ma fei,
sie bringan d' Liab in d' Welt.
Freilich san Deiferl aa dabei:
So is's im Lebn hoid!

Doch brav san nur de Fischefraun!
Ja, bei de Mannerleit,
do konn ma aa an Fisch ned traun:
es feit oft himmeweit!

Da Neptun ziahgt 'n diamoi o;
tiaf taucht er ob an Grund!
Und d' Meerjungfrau is schuid dann dro,
an mancher schwachn Stund!

Ob Fisch, ob Jungfrau oder Stier,
ob arm oder recht reich,
wer konn denn scho fürs Gfui dafür:
Do san mia alle gleich!

Daß D' obnauf schwimmst, nia untergehst,
Du liaber Zeitgenosse,
daß D' jedn Sturm guat überstehst,
drauf reich uns jetz Dei Flosse!

Muttertag is heit

Vo allen Müttern auf da Welt,
is koane, de mir so guat gfoid
wia Du, Mama, denn:
wenn Du mi oschaugst, mi olachst,
wenn Du mir nur de Tür aufmachst,
wenn Du aus'm Fenster winkst,
mit mir spuist und mit mir singst;
und wenn Du auf meim Bettrand sitzt,
wenn's draußn donnert oder blitzt,
und mir Gschichtn duast erzähln ...
bis mir meine Augn zuafalln –
na woaß i, daß Du gern mi magst,
weils D' jedn Tag für mi Di plagst.
Ja, des oiß konn ganz alloa
nur für mi mei Mama doa!

Für d' Mama was Liabs

Worte zu findn,
wia foid's mia heit schwaar,
denn sollt's Dir gerecht sei –
des Blatt bleibat laar!

Für uns oiwei sorgn,
vo da Früah bis auf d' Nacht,
und uns oiß verzeihn,
hast nur Du fertig bracht!

Vui Liab und vui Wärm,
des geht von Dir aus.
Du bist unser Sonna,
bist unser Zuhaus!

Ganz leis möcht i sagn

Oiß, was Di druckt und was Di plagt,
vergiß es heit am Muttertag.
Und hab i Dir aa weh oft do,
verzeih mir's und denk gar ned dro.
Ganz leis möcht i heit sagn zu Dir:
Du bist de Allerliabste mir!

Da Papa is der Beste

Koa Gedicht und koane Rosn,
höchstens Sockan, Unterhosn;
öfter moi no »scharfe Sachan«:
Des soll de Väter glücklich macha!

Doch heit, da habn ma mia uns denkt,
kriagst Du moi ganz was anders gschenkt.
Heit möchtn mia's in Worte kleidn:
Mia kennan Di unbandig leidn!

Und wenns D' aa nia a Dankschön kriagst,
obwohl Du alles richtst, hibiagst,
obwohls D' mit Deiner ganzen Kraft
des ganze Jahr für uns nur schaffst,
daß uns nix obgeht, mia oiß habn!
Mia wissen's, Papa, des derfst D' glaabn!

Mia sagn 's heit, 's is a kloane Geste:
Ja, unser Papa is der Beste!

Bei da Oma dahoam

Bei Dir dahoam bin i so gern,
weil Du ned oiwei schimpfst.
Wenn i mi druck und moi ned lern,
Du's ned so tragisch nimmst!

Und wenn i dann moi bei Dir bin,
is Dir ned glei was z' vui.
I gib koa Ruah, bin manchmoi schlimm,
wenn i Di brauch, was wui!

Na fragst Du mi, was i gern mag
und kochst mei Leibgericht.
Und wenn i Di mit Fragn recht plag,
erzählst Du mir a Gschicht.

Druckt mi a Schmerz, geht's mir ned guat,
renn i glei hi zu Dir.
Du machst mir oiwei wieder Muat,
denn Du hoitst fest zu mir!

Doch Oma, des is's ned alloa,
warum i Di so mag.
Bin i moi stark und nimmer kloa,
i Di auf Händn trag!

I hab für Di a Buidl gmoid

I schenk Dir heit an buntn Strauß,
der bringt an Frühling Dir ins Haus.
De Bleamerl hat da Papa zoiht.
Du woaßt as ja, i hab koa Geld!

Dafür hab i a Buidl gmoid
und hoff, daß's Dir aa recht guat gfoid!
I möcht, daß Du's an d' Wand hihängst
und jedn Tag an mi dann denkst!

Für'n Opa oiß Guate

Brauchst nimmer springa übern Zaun,
de mehra Arbat is scho do.
Brauchst ned nach junge Madln schaun –
de laffan Dir do bloß davo!

Dua liaba diamoi d' Oma tratzn,
und mit de Nachbarn öfter schmatzn!
An Gartn draußd, do sollst Di rührn,
damit de Bleamerl recht schee blüahn.

Und duat Dir ebbas moi ned gratn,
na is des fei no lang koa Schand.
Rauch a Zigarrn, 's duat ned schadn –
und mit'm Rauch verfliagt Dei Grant!

Jetz wünsch ma Dir no ganz vui Freid,
und recht a lange guate Zeit.
Daß Dir da Herrgott Gsundheit schenkt
und weiter Deine Schritte lenkt!

Zum Namenstag

Ja, er ghört zu Dir,
is treu wiar a Schatz,
begleit Di durchs Lebn,
hat sein festn Platz –
Dei Nama!
Und er bedeit vui!
Wenn ma's recht bedenkt,
is er mit Bedacht
Dir ganz alloa gschenkt –
Dei Nama!
Er erinnert an d' Tauf,
ans Elternhaus zruck,
zum Namenspatron
schlagt er Dir a Bruck –
Dei Nama!
Dei Festtag is heit!
Und weil mia Di mögn,
wünschn mia Dir
vui Glück und vui Segn!

A recht guate Fahrt

Anstatt Radl, Bahn und Bus
kimmst Du jetz in den Genuß,
daß Du stolz im Auto sitzt
und flott durch de Gegend flitzt!
Doch oans laß bittschön oiwei sei:
trink koan Schnaps, koa Bier, koan Wei!
Mia trink ma für Di mit – dann Prost –
daß's Dir an Führerschein ned kost!
Jetz wünsch ma no an guatn Start –
und allzeit recht a guate Fahrt!

Vui Glück fürs neue Heim

Euer Haus in Gottes Hand!
der Herr bewahr's vor Sturm und Brand.
Und alle, de gehn aus und ei,
solln oiwei froh und glücklich sei.

Jetz konn's regna, schneibn ...

Jetz konn's Euch nimmer naß neigeh,
müaßts nimmer unterm Regnschirm steh.
Ja, und beim Kuscheln und beim Schmusn –
machts d' Haustür zua – 's konn neamd mehr lusn!

Doch heit, do müaßts a bisserl wartn.
Mia bleibn ned steh in Euerm Gartn.
Heit möcht ma mit Euch feiern, singa,
zum Einstand a guats Tröpferl trinka!

Dem Ruhestandler

Dei Lebtag hast gwerkelt,
Dei Pflicht hast stets do,
jetz fangt für Di endlich
a ruhigers Lebn o.
Für oiß, was Du magst
und was Di hoid gfreit,
do hast Du jetz endlich
vui Muße und Zeit!
Drum mach Dir's recht gmüatlich,
sei glücklich und froh,
schau vorwärts, denn jetz is
Dei Ruhestand dro!

No recht vui schöne Jahr

Brauchst nimmer aufsteh in da Fruah
und nimmer lebn bloß nach da Uhr.
Wia oft hast Di mit Überstundn
bis spaat auf d' Nacht nei obigschundn!
Muaßt nimmer werkeln, nimmer rackern,
brauchst koane Akten mehr durchackern.
Jetz konnst des »guate« Kantinenessn
dahoam beim Schweinsbratn glatt vergessn!
Ja, und des Allerschöner hoid:
kriagst ohne Arbat jetz Dei Geld!
Glaab's uns, waar's bei uns soweit,
mia daatn juchatzn vor Freid!
Vui scheene Jahr solln Dir no winka:
Und darauf laß uns jetz oan trinka!

Guate Wünsche zum Abschied

Mia wünschn Dir a guate Zeit,
vui Liab, aa Glück, Geborgenheit ...
Daß D' gsund bleibst und im Herzn jung -
und daß Du nia verlierst Dein Schwung!

Mia wünschn, daß D' uns nia vergißt,
und daß D' Di rührst, wenns D' uns vermißt.
Na kemma glei bei Dir vorbei,
auf an kloan Ratsch, a Glaserl Wei!

Oiß Glück auf Erdn

Warst oiwei unser beste Kraft!
Ja, heit, do gebn mia's endlich zua.
Hast manchmoi aa für uns no gschafft –
und warst guat aufglegt no dazua.

Warn mia für Di aa oft a Plag,
hast Du geduidig uns ertragn;
Du warst für uns, 's is gar koa Frag,
ganz einfach klasse, muaß ma sagn!

Naa, mia vergessn Di gar nia!
Und jetzat auf zur nächstn Rundn.
Oiß Glück auf Erdn, wünschn ma Dir –
und grod nur lauter guate Stundn!

Was kannt i denn schenka?

Für a kesses Madl
(Eine Engelsfigur oder -bild, vielleicht von Raffael)

A liabs putzigs Engerl –
für unser kloans Bengerl!

Es soll Di begleitn,
für alle Zeitn,
und
vor freche Buam schützn!

Es werd hoid nix nützn!!!

Für an boarischn Lausbuam
(Ein gefüllter Trachtenhut)

I schenk Dir an Tirolerhuat ...
Oder is's a Zuckerhuat?
Naa, es is a Zauberhuat!
Innen is er süaß und guat:
Guatl, Schokolad, Pralinen,
Kaugummi, a paar Rosinen,
oiß, was hoid Dei Herz begehrt,
werd Dir aus dem Huat beschert!
Und außn, feinster Filz mit Feder,
schützt vor Wind und nassn Wetter.
Setzt Du den Huat dann auf Dein Kopf:
so bist a recht a fescher Tropf!

Für an Erstklaßler
(*Eine Schultüte*)

Ja, z'erst, da patzt Dei Füller no
und schwaar foid jeder Tag.
Doch anfangs, do geht's jedn so,
deswegn ned glei verzag.

Daß Du 's a wengerl leichter tragst,
kriagst a große Tütn heit.
Und 's is oiß drin, was Du gern magst.
I hoff, daß s' Di recht gfreit!

Du sonnigs Kind
(*Als Geschenk ein Sonnenblumenstrauß*)

Mit da Sonna lachst Du um d' Wett.
Wenn jeder so a Gmüat bloß hätt!
Bist nia grantig, oiwei froh,
mit Deim Charme ziahgst alle o!

Du bist da Spiagl vo da Sonn,
weil neamd wia Du so strahlen konn!
A Bleame gibt's, des zu Dir paßt,
des aa koan Sonnastrahl auslaßt!

Mia druckan unser Freindschaft aus
mit am sonnengelben Bleamestrauß!

Für an guatn Freind
(Eine Flasche »Hochprozentiger«)

40 Prozent! Wo kriagst Du mehr?
Auf koaner Bank, drum do schaug her:
De erste Anlag kriagst vo mir –
und an guatn Rat no schenk i Dir.
In Zukunft mach's wia i, grad so,
Dei Geld leg »hochprozentig« o!

Für an oidn Brummbärn
(Als Geschenk einen Teddybären)

Du bist mei Glück,
Du bist mei Stern,
aa wenn Du brummst,
hab i Di gern!

Zum Aufmuntern
(*Ein gesundes Tröpfchen*)

Zur Zeit bist Du ned ganz am Damm;
Es kimmt hoid manchmoi alles zamm!
Dann brauchst an Freind, der noch Dir schaut,
se um Di kümmert, mit Dir redt,
der Dir zur Freid a Brückn baut,
daß D' merkst, daß's wieder weitergeht!

Ja, schöne Wort alloa dean guat,
doch kriagst Du no a Gschenk vo mir,
daß D' boid faßt wieder neuen Muat:
a Flascherl Gsundheitselixier!

Glei schenkst Du Dir a Glaserl ei,
im Handumdrehn werd 's besser sei!

Für a »älteres Semester«
(*Eine Wärmflasche*)

Ja, wieder bist Du oa Jahr oider,
schee langsam werdn de Glieder koider!

Mei Gschenk für Di is woach und warm.
Kimm, nimm's ganz einfach in de Arm,
so kuschlig is's und warmt Di auf,
und glei, werst sehng, bist besser drauf!
Und wenn's Dir z' hoaß werd, na schmeiß s' raus:
Des hoid de »Bettgefährtin« aus!

A bsonders Gschenk
(*Eine Zipfelmütze*)

De wunderscheene Zipfemützn
soll Di vor der Koidn schützn!
Was D' sonst no macha konnst mit ihr,
jetz paß guat auf, des sag i Dir:
Hast Du moi koan so scheena Schopf,
setzt d' Zipfemützn auf Dein Kopf.
Ois Plattenschoner is s' aa guat,
vui besser taugt s', ois wiar a Huat.
Ois Niklaus konnst D' mit ihra geh,
ois Zwergerl draußd im Gartn steh.
Zum Schwammerlsuacha konnst sie nehma
zum Zuahaun, wenn de Räuber kemma!
Und dann kannt s' no was Wertvolls schützn:
Sie hoaßt ja schließlich Zipfemützn!

Für'n Katzenfreind
(Eine kleine Miezekatze, vielleicht aus Plüsch)

Obwohl im Lebn is vui für d' Katz,
da bleibt Dei »Schnurli« hoid
der liabste und der treuste Schatz
in dera schlechtn Welt!

Mit samtne Pfotn und Geschnurr
schleicht er mit Dir durchs Haus.
Mit seine Krallen ab und zua –
druckt er se deutlich aus!

Drum rat i Dir, mach's doch ab heit
ja grad so wia Dei Katz,
und je nach Laune, wia's Di gfreit:
moi schnurr, moi schmus, moi kratz!

Aus echtem Holz gschnitzt
(Ein geschnitzter Wurzelsepp –
auch als Namenstagsgeschenk zum Josefitag)

Er kimmt her draußd vom Woid,
is aus echtem Holz gschnitzt.
Ja, er is scho uroid –
und sei Gschau gscheit, verschmitzt.

Irgendebba von uns
hat a Gsicht eahm moi gebn,
und jetz tragt er zu uns
sei Erfahrung vom Lebn.

Was möcht er uns wohl sagn?
Schaug, sei Aug spöttisch blitzt!
Daß oiß Hetzn und Plagn …
uns am End gar nix nützt?

»Wiar a Baam stehts im Lebn,
seids wohl kernig, ned z' hart,
und nach Eintracht sollts strebn,
seids von bsonderer Art!

Seids wia i draußd im Woid,
fest verbundn mit'm Bodn,
daß ned jeds Lüfterl hoid
euch entwurzeln glei konn!«

Zum Einstand fürs neue Dahoam
(Man überreicht Salz und Brot, einen Blumenstock
und ein Kissen)

Müah und Arbat san vorbei,
Ihr ziahgts in Euer Heim jetz ei.
Mia bringan Euch heit Salz und Brot –
fernhaltn soll des Sorgn und Not!
Der Bleametopf soll nach den Müahn,
ois Gruaß vo uns am Fenster blüahn!
Dazua kriagts no a woaches Kissn:
Zum Kuscheln ghört 's und zum Genießn!
Und wenn's Euch spaater wieder paßt,
dann san mia oiwei gern zu Gast!

Das Wandern ist des ... Lust
(Ein gefüllter Rucksack wird ausgepackt und der
Inhalt mit folgenden Versen überreicht:)

A Gräucherts und a Kas,
a Radi und a Bier;
falls D' Wasserblasn hast:
a Pflasterl kriagst dafür!

Was »Hochprozentigs« no,
damit Du ned dafrierst;
zum Eireibn ganz was Guats:
wenns D' Deine Boaling spürst!

A Sonnacrem fürs Gsicht,
zum Schlecka no was Süaß;
daß D' guat bist unterwegs:
wollne Sockan für de Füaß!

A Schnapperlmesser, schau,
oiß, was ma braucht, is dro!
Und falls moi d' Nasn lafft,
a Schneitztuach kriagst Du no.

A Handwurst, beiß glei nei ...
zur Brotzeit ghört s' dazua;
a weiße Rolln Papier –
für was ghört de wohl nur?

Der Kompaß (*de Kartn*) is für Di,
daß Du Di ned verlaffst
und a Wirtschaft oiwei findst –
an Einkehrschwung hoid schaffst!

Daß D' kriagst vui Energie,
des Safterl trinka muaßt;
vielleicht huift's aa dahoam,
falls Du moi schwächeln duast!

A guate Gsundheit wünsch ma Dir

(Die Vorleserin, vielleicht als »Kräuterweiberl« verkleidet,
überreicht aus einem Körbchen verschiedene Kräuter- und
Teesorten mit dem passenden Vers:)

Mit Deim Alter is's recht und guat,
wenn ma ebbs für d' Gsundheit duat.
De Knochn werdn schee langsam morsch,
da Geist is aa nimmer so forsch:
Jeden Tag oam ganz was anders foid:
Man is hoid nimmer zwanzg Jahr oid!

Doch wenn ma in de Büacher schaut,
für jede Krankheit wachst a Kraut.
Für jedn Wehdam – Gott sei Dank –,
da gibt's an ganz an guatn Trank.
Anstatt vo Bier, Schnaps oder Wei
soll's aus'm Kräutergartn sei!

Fangt Di a Grippevirus ei,
des werd hoid diam im Winter sei,
konnst bloß mehr liegn, ned moi mehr sitzn:
mit Lindenblüah dua's aussaschwitzn!

Duat Di amoi de Gicht recht plagn,
Dei große Zeh werd dir des sagn ...
Dann werd's mit Dir boid aufwärtsgeh,
trinkst Du an Schlüsselbleametee!

Ißt D' moi z'vui und 's duat Di blahn,
laute Winde Dir entfahrn,
trink a Haferl Fencheltee,
na werd's Dir aa glei besser geh!

Ja, bist Du diam gar ned guat drauf,
und alles regt Di furchtbar auf –
Johanniskraut und Baldrian
beruhigen Deine Nerven dann!

Hast Du amoi recht eineghaut,
a fette Schweinshax und a Kraut,
und hast Dein Magn Dir arg verdo:
Pfefferminze kimmt jetz dro!

Wenns D' nimmer schlucka konnst, o je,
weil Dir da Hois duat sovui weh:
Zwar greislich schmeckt da Salbeitee,
doch Dei Wehdam duat vergeh!

Wenn Deine Haar werdn liacht und schütter,
ja, gräm Di ned, des is zwar bitter,
Brennesselsud schütt auf Dein Kopf,
werst sehng, Du kriagst an vollen Schopf!

A Pflanzn, de für oiß duat taugn:
für'n Katarrh, für'n Magn, für d' Augn,
zum Umschläg macha, Inhaliern:
Kamillentee duat oiß kuriern!

Ja, und da Knoblauch – gsund is der –
riachst hoid dann ois wiar a Bär!
Fürs Hirn soll's Allerbeste sei
und d' Manneskraft, so sagt ma fei!

Dean Dir de Boana moi recht weh,
konnst nimmer laffa, kaam no geh;
do kriagst zum Schluß an Franzbranntwei,
naa, ned zum Trinka, reib Di ei!

Huift des oiß nix, dann schenk Dir glei
a Maß ebbs ganz ebbs Gsundes ei:
Aus Hopfenblüah werd gmacht der Saft,
und der macht lustig und schenkt Kraft!

Tapetenwechsel braucht da Mensch
(*Als Geschenk ein Reisegutschein*)

Wenn oam da Alltag zwider is,
vom Werkeln oam da Kopf scho raucht,
na woaß ma hoid auf oamoi gwieß,
daß ma 'n Tapetenwechsel braucht.

Drum außer, aus dem Alltagsgrau!
Denn andre Länder, andre Leit
und nei ins Urlaubshimmeblau:
Des braucht da Mensch vo Zeit zu Zeit!

Wohi soll jetz Dei Roas dann geh?
's gibt so vui Fleckerl auf da Welt,
de waarn zum Oschaugn wunderschee,
doch 's Furtfahrn kost an Hauffa Geld!

In Rom drunt kannst Du Ostern feiern,
mit'm Jumbo in Hawaii eischwebn,
per Schiff auf Hammerfest zuasteiern,
a paar Tag bei de Lappen lebn.

Jerusalem kannst Du durchschreitn,
in Sinai nach Höherm strebn,
und mit'm Kamel durch d' Wüstn reitn,
dann in Marokko Bakschisch gebn.

Auf'm Berg Tabor kannst Du sitzn,
as griechisch Liacht suacha in Thebn,
und bei de Pyramiden schwitzn,
Las Vegas bei da Nacht erlebn.

In Wien kannst Du de Zeit vergessn,
im Opernball dann tanzn, schwebn –
in Japan mit de Staberl essn:
So kannst Dein Urlaub Du verlebn!

Ja, unser Gschenk – 's is hoid ned gnua!
De nexte Roas zoihn mia Dir o.
An Rest, denn duast Du selm dazua:
Mia wissen's, 's trifft koan arma Mo!

(Nach einem Gedicht von Elisabeth Irger)

Leg d' Füaß in d' Höh
(*Als Geschenk ein Fußschemel
mit Beigaben*)

Dei Lebtag hast garbat –
fast nia hast D'ausgruaht,
jetz bist in dem Alter,
wo ma staader hoid duat.

Kimm, sitz Di do her jetz
und leg d' Füaß in d' Höh.
Denk nur mehr ans Nixdoa –
und mach's Dir moi schee!

Genieß jetz de Zigarrn!
Blas Ringerl in d' Luft …
Verwöhn dann Dei Umwelt
mit'm göttlichen Duft!

Du kriagst no a Krüagerl,
dazua a frischs Bier:
Jetz nimm a gscheits Schlückerl,
von der guatn Brüah!

A Zeitung, a Büache …
De Zeit werd vergeh!
Du werst as scho merka:
Des Nixdoa is schee!

's gratuliert de ganz Welt

*(Man ehrt das Geburtstagskind mit den Versen
und überreicht die dazugehörigen Geschenke.)*

So wiar a Ruf aus Donnerhall
schallt's um den ganzn Erdnball:
Horchts alle auf, ihr liabn Leit,
es is a großer Festtag heit!

De ganz Welt hat grübelt, denkt,
was ma zum Geburtstag schenkt?
Asien und Afrika,
Nord- und Südamerika,
Europa und no etlich mehr,
schickten oisamt Gschenka her!

Des erste »große« Festpräsent,
kimmt her vom schwarzn Kontinent.
De übersendn mit am »lieben Gruß«
den brauna süaßn Negerkuß!

Sogar de Ungarn habn was gebn,
und mit dem Wunsch: »Hoch sollst Du lebn!«
do bringan sie Dir Gabn dar:
Salamiwurst und Paprika!

Aa d' Österreicher warn ned fad ...
san schließlich unser Nachbarstaat.
Mozartkugeln, fein und süaß,
schickan sie und recht vui Grüaß!

Im Königshaus in Niederland,
is Dei Geburtstag wohl bekannt.
Sie sendn Dir an Bleamegruaß,
der no a wengerl wachsen muaß!

Aus Spanien grüaßt de Hautevolee,
mit Temperament und mit Olé.
Zum Zeichn ihrer Sympathie,
des Glas Oliven is für Di!

Und Frankreich möcht Dir gern beweisn,
daß's was versteht vom guatn Speisn.
Mit'm Klang der Marseillaise
übermittelt es Dir diesn Käs!

De Türkei im Nahen Ostn,
scheut fürwahr gar koane Kostn.
Sie spendiert – dua's ned verübeln –
an kloana Bund vo Frühlingszwiebeln!

Italien, sonnigs Land am Meer,
gibt sonst ned so leicht was her.
Doch liefert 's Dir heit frei und franco
a guates Tröpferl »Vino bianco«.

Brasilien, a armes Land,
zoagt se trotzdem recht kulant.
Ja, es gibt Dir, was's hat en masse,
a wunderschöne Ananas.

D' Eidgenossen im Schweizerland,
ois eigenständig san s' bekannt!
Sie sendn Dir de obligate
»Feine Schweizer Schokolade«.

Ägypten, 's Land der Pharaonen,
muaß sei »Budget« narrisch schonen.
Ja, trotzdem warn sie recht galant:
Du kriagst a Sackerl Wüstensand!

D' Chinesen, de habn ned lang gfackelt,
und oa Pfund Reis habn sie eipackelt.
Zwoa Staberl legn sie no dazua,
ois Zeichn ihrer Eßkultur.

Sogar da Papst im Vatikan,
saß grübelnd drin im Lateran.
Er spendt Dir da Gnade wegn
a gweichts Wasser und sein Segn!

Da Bundeskanzler, vo unserm Land,
schreibt Dir persönlich – 's is allerhand:
»Liebe(r) ..., bleib voller Mut,
wähl' immer mich, so geht's Dir gut!
Wenn ich nächstes Mal im Fernsehen bin,
wink ich Dir zu – schau nur gut hin –
und blicke dann in mein Gesicht,
ich lächle, diesmal nur für Dich!«

Ganz zum Schluß kimm i aus Bayern,
um mit Dir aa Dei Fest zu feiern.
I hab fest nachdenkt und mi plagt,
was Di wohl gfreit und Dir zuasagt?
Es sollat aa no obendrei
einfach ganz ebbs bsonders sei.
Was selbst an Papst war no ned gönnt,
de Queen es gar nia haben könnt,
da Armstrong Louis hat's ned erlebt,
und Günter Grass danach nur strebt.
De Prominenz der ganzn Welt
es für des Allergrößte hält!

Naa, neamd konn's kaffa, für koa Geld;
nur Du alloa, Du kriagst as hoid!
Du glücklichste(r) in unserm Land,
Du sollst s' jetzt habn – mei warme Hand!

A bsondere Geburtstagstortn

(Die Torte – gefertigt aus Toilettenpapierrollen – wird nach Belieben mit bunten Servietten, Blumen, Kerzen usw. dekoriert. Mit kleinen Textänderungen auch als Hochzeitstorte geeignet.)

Kaum war i in da Früah heit wach,
do hör i 's Vogerl unterm Dach:
»Schnell, steh auf, 's is höchste Zeit,
die *(der)* ... hat Geburtstag heit!«

A Gschenk muaß her, hab i sinniert,
und des recht schnell, weil's scho pressiert!

Dei Hausstand, der is längst komplett,
hast Töpf und Teller, Brotzeitbrett.
Es sollt aa was Persönlichs sei,
und was Dir guat duat obendrei!

Ja, glei drauf auf meim stillen Ort,
kimmt der Gedanke mir sofort:
I schenk Dir ganz was Praktischs heit,
was sinnvoll is und Di aa gfreit!
A Tortn is's! Des laßt se hörn.
I woaß's, Du magst so was recht gern!

Dann bin i schnell durch d' Lädn glaffa,
um Dir de Gschmackigste zu kaffa.

Mit Bleamerl, gibts es dekoriert,
so muid und woach, i hab's probiert!
Umweltschonend, fein, aa griffig,
frech beschriftet, wirklich pfiffig.
Farbig gibts es, doch aa ganz weiß,
im Angebot zum Sonderpreis.

Und 's gibt aa no verschiedne Lagn:
Schwaar war de Auswahl, muaß i sagn!

Was is denn grad des Allerscheena?
I hab mi ned entscheidn kenna!

San ja no a paar Stünderl Zeit!
Jetz mach i s' selbm, in Handarbeit.
I hab grad gwerkelt und dekoriert:
So kriagst D' as jetza präsentiert!

Schaug Dei Gschenk o und Du werst denka,
man kannt nix Praktischeres schenka,
denn jedes oanzelne Tortnstück
konnst owendn im stillen Glück.
Und aa im Woid und auf der Heid,
macht so a Stückerl oft vui Freid.
Ja, sogar zum Nasnputzn
laßt se des Tortnstück benutzn.
Du konnst sogar am Sonntagmorgn,
der Nachbarin a Stückerl borgn.

De Tortn is ganz ohne Frag
a Huif in jeder Lebenslag!

I wünsch Dir jetz zu Deinem Fest,
Gsundheit, Glück, hoid nur des Best!

De Schüssl für alle Zwecke

(Mit einer beliebigen Schüssel zu überreichen – mit Text-
änderungen auch als Hochzeitsgeschenk geeignet.)

All Deine Freind, ja, überoi,
de wünschn Dir vuitausendmoi
Glück auf alle Deine Weg!

Vom Glück alloa konn ma ned lebn,
drum möcht i Dir ebbs bsonders gebn.
Ebbs, was ma braucht glei jedn Tag
und aa in jeder Lebenslag!

Abends, wenn Di d' Füaß recht brenna,
vo da Arbat und vom Renna,
na richst Du Dir a Fuaßbad glei:
werst sehng, Du fuihst Di nagelnei!

Hast amoi Gäst, machst an Salat,
steht dann de Schüssl glei parat,
an Kruag für Bowle brauchst ned mehr:
glei nimmst de Schüssl – bitte sehr!

Kartoffen kannst waschn, aus'm Keller,
und abspüln Deine Tassn, Teller.

Hast Kinder, Enkel, sag i Dir:
De Schüssl is des richtig Gschirr!
Ned d' Windln wolln bloß gwaschen sei,
de Kloan, de mögn aa selber nei!

Wia i Di kenn, fürsorglich nett,
stellst Du de Schüssl unters Bett.
's braucht koaner mehr aufs Häusl laffa,
und Du brauchst aa koan Nachttopf kaffa!

Aa Dampfnudl werdn ganz bsonders schee,
ja, laßt Du drin an Toag aufgeh!

San endlich furt moi Deine Gäst
und Dir werd übl nach dem Fest –
dann laaf schnell hi zum Küchenschrank,
da findst de Schüssl – Gott sei Dank!

Es gibt bestimmt no tausend Sacha,
de Du konnst mit ihra macha.
A Lebn lang soll sie Di begleitn
und Dir no recht vui Freid bereitn!

A kunterbunter Pillenstrauß
(Ein Strauß, behängt mit bunten Smarties)

Du bist jetz *fuchzig* Jahr auf Erdn,
do kemman hoid de kloan Beschwerdn.
Den buntn Strauß, so schee verziert,
hat Professor Kühnemann kreiert!
Für jedn Wehdam, der Di plagt,
der Strauß de richtig Pille tragt:
Denn spuit da Bluatdruck moi verruckt,
werd's schwindlich oam, wenn ma se buckt,
liabs Geburtstagskind, dann merk Dir:
de roten Pillen san dafür!
De Pillen do, schaug, wia schee blau,
de san fürs Hirn und machan schlau.
Und duat Dir moi da Magn recht weh,
so rühr de gelben in Dein Tee.
Zwickan Di moi arg de Winde,
geh schnell hi zu Deim Gebinde.
Führ zwoa braune einfach ei:
Glei werd de Sach erledigt sei!
Hast Du Beschwerdn mit da Blasn,
dann renn glei hi zur Bleamevasn,
schluck sofort vo de greana drei:
Werst sehng, Dei Leidn is vorbei!
Und für d' Migräne, falls s' Di plagt,
da Strauß de rosaroten tragt!
De san so leuchtend, wunderschee,
vom Oschaugn werd's Dir besser geh!
Und ned vergessn derf ma 's oane:
Nebenwirkungen gibt's koane!
Fuihst Du Di moi a wengerl krank,
glang ned glei nei, an Pillenschrank!
Ja, grad so werst Du, 's is doch klar,
bei bester Gsundheit hundert Jahr!

Scheene Worte gibt's grad gnua
(Man überreicht nach dem Vortrag eine Tüte Haribo-Konfekt.)

Vui Gsundheit, Glück, a langes Lebn,
und do dazua a Sackerl Geld,
all des soll Dir da Herrgott gebn:
Ja, guat geh soll's Dir auf der Welt!

Doch scheene Worte gibt's grad gnua,
wia schnell verfliang s' und san dahi.
A bsonders Gschenk möcht i dazua:
Des Dir zoagt mei Sympathie!

So hab i nachdenkt, Tag und Nacht,
was kannt Dir gfoin, was daat Di gfrein?
Ebbs, was Di einfach glücklich macht!
I war am End mit meim Latein.

Straßauf, straßab bin i dann glaffa.
In jeds Gschäft hab i einegschaugt.
I wollt Dir hoid was bsonders kaffa,
ja, so ebbs, was Dir rundum taugt!

Endlich nach a etlich Stundn –
i wollt scho hoam, do liegt's vor mir.
Wia bin i froh, hab's doch no gfundn,
und i woaß's, des Ding gfoid Dir.

Es is ned groß und aa ned kloa,
es is schee bunt, und 's is aa fleckig,
man konn's in jede Taschn doa,
es is a wengerl rund, aa eckig.

Man konn es stapeln, hoch wia breit,
vuiseitig is des Dingerl ebn.
Man mag's aa scho so lange Zeit,
und mancher nimmt's sogar zum Klebn!

Moi is's ganz glatt, moi is's schee fest,
es ändert se vo Fall zu Fall.
Und oft is's bröcklert, woach da Rest:
's is aus am bsondern Material.

Es is so schwarz wia Ebenholz,
gleichzeitig weiß ois wiar a Schnee.
Des Ding is hoid mei ganzer Stolz,
zum Oschaugn is's so wunderschee!

Jetz endlich möcht i 's Gschenk Dir gebn
und hoff, es gfreit Di, macht Di froh.
Versüaßn soll's ab heit Dei Lebn:
Nimm s' jetz – de Tütn Haribo!

Der Draam vom Gummibaam

*(Anstatt eines Gummibaumes kann auch ein selbstgebasteltes
Bäumchen, behängt mit Gummigegenständen – Gummibär-
chen etc. –, überreicht werden. Mit abgeänderter Einleitung
für jede andere Einladung geeignet.)*

Euer Dahoam weihn mia heit ei –
's werd Euer Nest in Zukunft sei!
Eigräumt is scho jeder Schrank,
vo obn bis unten oiß blitzblank.

Was ma für'n neuen Hausstand schenkt,
damit Ihr aa an uns moi denkt,
des hat uns schwaar zu schaffa gmacht
und uns ganz schee ins Schwitzen bracht!

Doch do sehng ma mia im Draam
an wunderschönen Gummibaam.
Glei san mia in d' Stadt neiglaffa,
um für Euch oan eizukaffa!

Der Diehm war unser erstes Zui,
der hat sonst Gummibaam so vui.
Doch desmoi habn mia Pech ghabt, ja,
es war oiß ausklaubt, nix war da!

Do habn mia denkt, was macht des scho,
jetzt gehn mia hoid zum Dehner no.
De führn ja aa a großes Haus,
do suachan mia den scheenan aus.

Dort sagt ma uns: »Bedaure sehr,
habn koane Gummibaam heit mehr.
Doch Alpenveilchen, Azaleen,
Hibisken, sogar Orchideen;
do hintn stehn no Zimmerlindn:
Sie werdn bestimmt des richtig findn!«

Do habn mia denkt an unsern Draam
vom wunderschönen Gummibaam.
Mia wolltn aufgebn, scho verzagn:
Doch oamoi werdn ma jetz no fragn!

Zum Pilz & Palme gehn mia no.
Dort treff ma dann den Gärtner o.
Erzähln eahm jetz vo unserm Draam –
vom wunderschönen Gummibaam.

Glei sagt er: »Leit, machts euch koa Sorgn,
den Gummibaam konn i besorgn.
Bei mir dahoam, do steht a Baam,
und der is wahrlich wiar a Draam.
Er is genügsam, pflegeleicht,
oamoi giaßn für Tage reicht!«

Mei, habn mia uns drüber gfreit,
des lange Suacha ned bereit.
A Stoa is uns vom Herzn gfoin:
Der Baam steht do, ois waar er gmoin!

Was schenkt ma dem, der oiß scho hat?
(Mit einem Kaktus zu überreichen)

Mit großer Freid habn's mia vernomma
und san zu Deim Geburtstag komma.
Mia habn ma unsern Kopf verrenkt
und nachdenkt, was ma Dir bloß schenkt.
An Kastn hast Du voller Gwand,
aa sonst fein sauber oiß beinand.
Und aa Dei Konto is ned laar:
do was zu findn, es war schwaar!

Hörgerät oder Perückn,
goldne Zähn für Deine Lückn,
a oide Uhr, de nimmer geht:
Des waar a Schmarrn, des brauchst Du ned!

Badematn für de Dusch,
Toilettenbürstn mit Kartusch,
an neuen Drehstui fürs Büro:
Des kaff ma ned, des hast Du scho!

Antike Spieluhr mit Figürchen,
a Puppenhaus mit Fenster, Türchen,
an Zwerg, der in Deim Gartn steht:
A so an Kitsch, den brauchst Du ned!

Fernseher und Tageszeitung,
Spülklosett und Wasserleitung,
Badewanna, Telefon:
Des kaff ma ned, des hast Du scho!

Ferienhaus an Spaniens Küste,
an Kamelritt durch de Wüste,
nach Kanada zum Lagerfeuer:
Des kriagst Du ned, is vui zu teuer!

A Radl, um Di fit zu hoitn,
denn Du zählst aa scho zu de Oidn,
an Atlas und a Lexikon:
Des kaff ma ned, des hast Du scho!

Luxusauto mit Chauffeur,
a Kreuzfahrt übers weite Meer,
a Safariabenteuer:
Des kriagst Du ned, is vui zu teuer!

Schränke, Stui, Tisch und Sessl,
Kannen, Töpf und Wasserkessl,
und a Brille für Dei Klo:
Des brauchst Du ned, des hast Du scho!

An Butler nur für Di alloa,
an riesengroßn Edelstoa,
und am Himmi Knall und Feuer:
Waar übertriebn – und is vui z' teuer!

Hängemattn, Gartenzwerge,
Fahnenmast, Kartoffelkörbe,
an Papagei, der mit Dir redt:
Is ned so wichtig, 's brauchst Du ned!

An Regenschirm, a Seidenhemd,
bequeme Hosn, de ned klemmt,
Eau de Toilette im Glasflakon:
Des brauchst Du ned, des hast Du scho!

Do schaug, den Kaktus stachlig, kloa,
den habn mia kafft für Di alloa
Mia findn, er is ungeheuer:
Den kriagst Du jetzt, der war ned z' teuer!

Sei einfach bloß Du

Konnst Du koa Meer sei –
    so unendlich groß,
dann sei a See –
    überschaubar und rein,
oder a Fluß –
    strömend und stark,
vielleicht bloß a Bach –
    sprudelnd und frisch,
oder
sei einfach bloß
a winzig kloaner Tropfn!

Koa Meer, koa See,
koa Fluß, koa Bach –
ned des geringste Lebn
kannt sei
ohne de unzähligen
kloana Tropfn!

Wenn Du moanst, es geht ned mehr

»Immer, wenn Du moanst, es geht ned mehr,
kimmt vo irgendwo a Liachtl her!«
Des kloa Verserl aus da Kinderzeit
hat mi oiwei durch mei Lebn begleit.
Muaßt fest dro glaabn, es werd dann wahr,
des Liachtl is auf oamoi da!

's werd oiwei wieder hell

Koa Nacht konn so stockfinster sei
und aa koa Weg so dunkl,
daß s' ned da kleanste Liachterschei
erhellt mit seim Gefunkl!

's Lebn ned vergessn

In dem Wanderschritt vom Lebn
sollst öfter Du a Rast eilegn,
ned bloß dauernd weiterstrebn
und nix ois wia de Arbat sehng.

Schau Di um, so schee is d' Welt –
und spür de Wärm vo unsrer Sonn.
Wichtig, naa, is ned bloß 's Geld:
Zufriedenheit is dann Dei Lohn!

Oider werdn

Mit offene Augn durchs Lebn geh!
Mit offene Augn nach innen schaun!
Ned verzagn, zum Oidwerdn steh
und neue Weg no geh se traun!

Ja, staader jetz, bewußter lebn,
de Stundn nutzn, dankbar sei:
's Lebn hat doch no so vui zum Gebn ...
Blüahn bis ins hohe Alter nei!

Gedankn für Verliabte

Es is grad so,
ois hätt mei Herz Flügl;
soboid i's auslaß
fliagt's zu Dir!

Di bei da Hand nehma,
ganz staad sei
– nix zerredn –
bloß Dei Wärm spürn
und merka,
daß d' Liab oiß is:
Da Himmi auf Erdn!

De Wärm vo da Sonna spürn,
des Streicheln vom Wind,
Di mit meiner Hand berührn –
glücklich sei wiar a Kind!

Mei Gschenk an Di
is ned groß, aa ned kloa,
ned dick und ned dünn,
koa Mensch konn's kaffa:
Es is mei Herz,
des nur für Di schlagt!

Ganz liab duast D' schaugn,
mi tiaf in d' Augn.
Sag, was hab i vom Schaugn?
Du derfst Di scho traun!

Vergelt's Gott
möcht i sagn

Werd's oiwei im Herzn tragn

's war wiar a Draam,
mei Geburtstagsfest!
Und wiar a Draam
warn meine Gäst.
Ja, mitnanda habts Ihr
es fertigbracht
und a wunderschönes
Fest mir gmacht.
Was habts Ihr Euch
bloß oiß ausdenkt ...
mit Wortn, Gabn
mi beschenkt.
Und daß Ihr oisamt
kemma seids,
des hat mi grührt
und narrisch gfreit!

A solcher Tag sollt nia vergeh

Feierstundn und Glockenklang ...
Es war a Fest, so wunderschee!
Ja, tausendmoi sagn mia Euch Dank:
A solcher Tag sollt nia vergeh!

Und sollt's uns diamoi ned guat geh,
na drah ma d' Zeit a wengerl zruck.
Zu Stundn, de so guat und schee,
schlagt uns d' Erinnerung a Bruck!

Im Nama vom Kind

Im Nama vom Kind sagn ma
a »Vergelt's Gott«, Ihr Leit!
Und wia guat eahm 's Gschenk gfoid,
und wia fest es se gfreit!

Aa mia möcht ma danka
mit am Buidl vom Spatz.
Er schickt Euch no an Gruaß
und an ganz dickn Schmatz!

's Hochzeitspaar bedankt se

Dankschön möcht ma heit sagn,
daß kemma seids zum Fest.
Ganz bsonders hat's uns gfreit,
daß warts so nette Gäst.

Dankschön möcht ma aa sagn
für oiß, was Ihr habts gschenkt;
Ja, mia habn's fei scho gmerkt –
habts Euch was dabei denkt!

Doch des Wichtigste war,
Euer Freindschaft zu spürn!
Nia werdn mia's vergessn –
uns grad so revanchiern.

's war schee bei Euch

Leit, bei Euch war's wunderschee,
wollt so gern bleibn, gar nimmer geh.
Doch was soll i mi mit Wortn plagn,
wollt einfach nomoi »Vergelt's Gott« sagn!

Gastfreundschaft habts Ihr mir bschert,
i hab mi wohlgfuiht in da Rundn;
und de wunderscheena Stundn
san mir a großes Dankschön wert!

Vergelt's Gott für de scheene Zeit,
de i verbracht in Euerm Haus.
Es hat mi ganz unbandig gfreit:
Ois kloana Dank an Bleamestrauß!

Lustige Verserl fürs Gästebuach

Langsam fangt da Tag jetzt o,
draußn pfeiffan d' Vögl scho.
Beim Nachbarn kraht da Gickerl laut,
und i hab z' tiaf ins Glasl gschaut.
Ja, des wollt i bloß niederschreibn
und nomoi zwoa Stund hockableibn!

Zum Schreibn bin i z' müad,
zum Dichtn erst recht,
und wenn i ned glei hoamgeh,
na werd ma gwieß schlecht!

D' Hausfrau is danschig,
da Hausherr geht aa,
doch wenn er ned dahoam waar,
na bleibat i da!

I konn nimmer geh,
i konn nimmer steh,
konn bloß mehr hischreibn:
Da – Dan – Dankschee!

As Essn war guat,
und süffig da Wei,
Fand i jetz mein Huat,
na gangert i glei!
Doch weil i 'n ned find,
muaß i hockableibn –
und mir jetza gschwind
de Zeit no vertreibn!